शहदाबा

शहदाबा

मुनव्वर राना

वाणी प्रकाशन

वाणी प्रकाशन

4695, 21-ए, दरियागंज, नयी दिल्ली 110 002

फ़ोन : +91 11 23273167 फ़ैक्स : +91 11 23275710

शाखाएँ

अशोक राजपथ, पटना 800 004, बिहार

कॉफ़ी हाउस कैम्पस, महात्मा गांधी मार्ग, इलाहाबाद 211 001, उत्तर प्रदेश

महात्मा गांधी अन्तरराष्ट्रीय हिन्दी विश्वविद्यालय, वर्धा 442 001, महाराष्ट्र

सुल्तानिया रोड, मोतिया पार्क, भोपाल 462 001, मध्य प्रदेश

www.vaniprakashan.com
marketing@vaniprakashan.in
sales@vaniprakashan.in

SHAHDABA
by Munawwar Rana

ISBN : 978-93-5072-252-7
Ghazals/Nazms

संस्करण 2012, 2013, 2015, 2017
आवृत्ति 2020

मूल्य : ₹ 150

सिटी प्रेस, दिल्ली-110 095 में मुद्रित

वाणी प्रकाशन का लोगो मक़बूल फ़िदा हुसेन की कूची से

दिनेश कोठारी
भाई के नाम
जिनकी मोहब्बतों ने
मुझे कभी अकेले
नहीं होने दिया।

ताकि मेरा क़लम हो सनद याफ़्ता

मुनव्वर राना!...मुनव्वर मेरे दोस्त भी हैं और ग़मख़्वार भी...बल्कि यूँ समझिये कि कमोबेश बहुत कुछ हैं। मेरी और उनकी जान पहचान वैसे तो तक़रीबन पैंतीस साल पुरानी है लेकिन क़रीब आये सन् 2000 में। ये वह वक़्त था जब मुनव्वर हिन्दुस्तान ही नहीं बल्कि अन्तर्राष्ट्रीय स्तर पर शायरी और मुशायरों की दुनिया में अपनी एक अनोखी और पृथक पहचान बना चुके थे। सन् 2000 से लेकर 2010 तक की अवधि 'कभी मिले कभी न मिले' के रूप में व्यतीत हुई लेकिन यह अवधि मुझे उनके व्यक्तित्व, उनकी सोच, उनकी शराफ़त और ख़ास तौर पर उनके स्वाभिमान के सम्बन्ध में सोचने और किसी निर्णय तक पहुँचाने में काफ़ी सार्थक रही। आप भी शायद मेरी इस राय से सहमत होंगे कि शोहरत की बुलन्दी हर व्यक्ति हज़्म नहीं कर पाता और नतीजे के तौर पर ख़ुद अपने पतन का ज़िम्मेदार बन जाता है लेकिन स्वाभिमान और शराफ़त का नूर जब मुनव्वर के व्यक्तित्व में अपना आकार बढ़ाने लगा तो उनका व्यक्तित्व और भी शालीन होता चला गया। विश्वास कीजिए ये बातें मैं दोस्ती की रस्म निभाने के लिए नहीं लिख रहा हूँ बल्कि पूरे आत्मविश्वास और दावे से कह रहा हूँ कि अगर आप इस शख़्स से दो-एक बार मिल लेंगे और तअल्लुक़ात की डोर कुछ और लम्बी होगी तो आपको मेरी लिखी हुई ये बातें भी कुछ कम वज़नदार ही लगेंगी।

बात जून 2011 की है। मुनव्वर अपने घुटनों की पीड़ा से ग्रस्त रहने लगे थे। एक दिन भरी दोहपर में मैं उन्हें देखने और उनकी ख़ैरियत लेने उनके फ़्लैट पर पहुँचा। मुझे देखते ही खिल उठे और बोले कि बाख़ुदा आज अगर कुछ और माँगा होता तो यक़ीनन मिल जाता। बात को समझ कर मैं मुस्कुरा दिया। थोड़ी देर की गुफ़्तुगू के बाद बोले, 'यार कैफ़ भाई! अब तो तुम रिटायर्ड हो चुके हो, मुझ पर एक एहसान कर दो और वो यह कि मेरे उर्दू के मज़ामीन (निबन्धों) को देवनागरी लिपि में सुसज्जित कर दो।' मैं बहुत देर तक कुछ सोचता रहा और कहा कि ठीक है, तुम मज़ामीन का एक सेट मुझे दे दो, मैं कोशिश करके देखता हूँ। तक़रीबन तीन या चार दिनों तक मैं उनका अध्ययन करता रहा और फिर इस निष्कर्ष पर पहुँचा

कि अगर मैंने ये काम अंजाम न दिया तो वाक़ई मुनव्वर राना की नस्र निगारी (गद्य लेखन) के साथ बड़ी ज़्यादती होगी। संक्षिप्त यह कि थोड़ा-थोड़ा वक़्त निकाल कर मैंने तक़रीबन छः सौ पृष्ठों पर फैले हुए उनके अधिकांश मज़ामीन देवनागरी लिपि में लिपिबद्ध कर दिये। ये मज़ामीन कैसे हैं और इनको हिन्दी साहित्य जगत में कितना महत्त्व दिया जाता है, इसका निर्णय तो भविष्य के गर्भ में है लेकिन सच तो यही है कि मुनव्वर ने अपने गद्य लेखन के माध्यम से आज के हिन्दुस्तान के बहुत से अनछुये पहलुओं को उजागर करने की चेष्टा की है। इन निबन्धों के अध्ययन के दौरान कहीं आप मुस्कुरायेंगे, कहीं किताब रख कर देर तक अट्टहास करेंगे और कहीं गम्भीरता की दबीज़ चादर आपको इस तरह अपने आलिंगन में लेगी कि आप सोचते ही चले जायेंगे। ख़ुदा करे इन मज़ामीन पर आधारित किताबें जल्द प्रकाशित हों ताकि मेरी बातों की वास्तविकता से आप भी परिचित हो सकें।

जहाँ तक मुनव्वर की शायरी का सम्बन्ध है तो इस सिलसिले में हमें इस बिन्दु पर पूरी गम्भीरता से विचार करने की आवश्यकता है कि आख़िर आज वो उर्दू शायरी के उच्च शिखर पर क्यों विराजमान हैं। ज़ाहिर है कि आज भी इस मैदान में कुछ ऐसे नाम भी हैं जिन्हें नज़र अन्दाज़ किया जाना न्याय संगत न होगा। विवेकपूर्ण मन्थन के पश्चात मैं इस नतीजे पर पहुँचा हूँ कि मुनव्वर राना ने अपनी शायरी में अनजाने तौर पर ही सही कहीं नज़ीर अकबराबादी को अपना आदर्श माना तो कहीं सूर और तुलसी की विचार शैली से प्रभावित हुए। उनका सबसे बड़ा कारनामा यह है कि उन्होंने अपनी शायरी को फ़ारसी और अरबी के क्लिष्ट शब्दों के भार से सुरक्षित रखा और अपने श्रोताओं तक उनकी भाषा में उनकी बात पहुँचाने का अत्यन्त सफल प्रयोग किया है। घर, आँगन, किचेन, ड्राइंग रूम, पड़ोस, मोहल्ला, शहर, प्रान्त, देश और सामाजिक रिश्तों के बिन्दुओं पर सामान्य पाठक और श्रोता की भाषा का प्रयोग करते हुए शायरी के सौन्दर्य को प्रस्तुत करना मुनव्वर राना का काम था और यही कारण है कि वो उर्दू साहित्य जगत के साथ ही साथ हिन्दी वालों में भी उतना ही लोकप्रिय हैं। उनकी शायरी पर अब तक इतना कुछ लिखा जा चुका है कि इस छोटे से मज़मून में और कुछ लिखना कोई नयी बात नहीं होगी। हाँ, मैं उनको अपने दिल की गहराइयों से इस बात की मुबारकबाद जरूर दूँगा कि उन्होंने *शहदाबा* को आलीजनाब सुब्रतो राय सहारा के शुभ व्यक्तित्व के नाम समर्पित करके स्वयं अपनी महानता का परिचय दिया है। सहारा श्री इससे भी कहीं ज़्यादा इज़्ज़त के हक़दार हैं। *शहदाबा* के प्रकाशन पर मैं मुनव्वर राना से भी ज़्यादा वाणी प्रकाशन, नयी दिल्ली को मुबारकबाद पेश करता हूँ।

कैफ़ सिद्दीक़ी सुल्तानपुरी

05 जून 2012

फ़ेहरिस्त

ग़ज़लें

नज़्में

ग़ज़लें

आँखों को इंतिज़ार की भट्ठी पे रख दिया।
मैंने दिये को आँधी की मर्ज़ी पे रख दिया।।

अहबाब का सुलूक भी कितना अजीब था।
नहला धुला के मिट्टी को मिट्टी पे रख दिया।।

आओ तुम्हें दिखाते हैं अंजामे ज़िन्दगी।
सिक्का यह कह के रेल की पटरी पे रख दिया।।

फिर भी न दूर हो सकी चेहरे से बेवगी।
मेंहदी ने सारा ख़ून हथेली पे रख दिया।।

दुनिया को क्या ख़बर इसे कहते हैं शायरी।
मैंने शकर के दाने को च्यूंटी पे रख दिया।।

अन्दर की टूट फूट छुपाने के वास्ते।
जलते हुए चराग़ को खिड़की पे रख दिया।।

घर की ज़रूरतों के लिए अपनी उम्र को।
बच्चे ने कारख़ाने की चिमनी पे रख दिया।।

पिछला निशान जलने का मौजूद था तो फिर।
क्यों हमने हाथ जलती अंगीठी पे रख दिया।।

अच्छा हुआ कि मेरा नशा भी उतर गया।
तेरी कलाई से यह कड़ा भी उतर गया।।

वह मुतमइन बहुत है मेरा साथ छोड़ कर।
मैं भी हूँ खुश कि कर्ज़ मेरा भी उतर गया।।

रुख़सत का वक़्त है, यूँ ही चेहरा खिला रहे।
मैं टूट जाऊँगा जो ज़रा भी उतर गया।।

बेकस की आरज़ू में परेशाँ है ज़िन्दगी।
अब तो फ़सीले जाँ से दिया भी उतर गया।।

रो धो के वह भी हो गया ख़ामोश एक रोज़।
दो चार दिन में रंगे हिना भी उतर गया।।

पानी में वह कशिश है कि अल्लाह की पनाह।
रस्सी का हाथ थामे घड़ा भी उतर गया।।

वह मुफ़लिसी के दिन भी गुज़ारे हैं मैंने जब।
चूल्हे से ख़ाली हाथ तवा भी उतर गया।।

सच बोलने में नश्शा कई बोतलों का था।
बस यह हुआ कि मेरा गला भी उतर गया।।

पहले भी बे लिबास थे इतने मगर न थे।
अब जिस्म से लिबासे हया भी उतर गया।।

महफ़िल में आज मर्सिया ख़्वानी ही क्यों न हो।
आँखों से बहने दीजिए पानी ही क्यों न हो।।

नश्शे का एहतिमाम से रिश्ता नहीं कोई।
पैग़ाम उसका आये ज़बानी ही क्यों न हो।।

ऐसे ये ग़म की रात गुज़रना मुहाल है।
कुछ भी सुना मुझे, वो कहानी ही क्यों न हो।।

कोई भी साथ देता नहीं उम्र भर यहाँ।
कुछ दिन रहेगी साथ जवानी ही क्यों न हो।।

इस तश्निगी की क़ैद से जैसे भी हो निकाल।
पीने को कुछ भी चाहिए पानी ही क्यों न हो।।

दुनिया भी जैसे ताश के पत्तों का खेल है।
जोकर के साथ रहती है रानी ही क्यों न हो।।

तस्वीर उसकी चाहिए हर हाल में मुझे।
पागल हो, सरफिरी हो, दिवानी ही क्यों न हो।।

सोना तो यार सोना है चाहे जहाँ रहे।
बीवी है फिर भी बीवी, पुरानी ही क्यों न हो।।

अब अपने घर में रहने न देंगे किसी को हम।
दिल से निकाल देंगे निशानी ही क्यों न हो।।

ग़ज़ल के शेर सुनाने का वक़्त होता है।
मियाँ, चराग़ जलाने का वक़्त होता है।।

यह शामे ग़म का अँधेरा यह आँसुवों के चराग़।
यही तो तुमको भुलाने का वक़्त होता है।।

बिखर न जायें कहीं इतने क़ीमती मोती।
यह आँसुवों के छुपाने का वक़्त होता है।।

दुआ को हाथ उठा कर कहो ख़ुदा हाफ़िज़।
उठूँ कि अब मेरे जाने का वक़्त होता है।।

चलूँ कि सरहदें आवाज़ दे रही हैं मुझे।
वतन का क़र्ज़ चुकाने का वक़्त होता है।।

उठूँ कि मिलने ही वाले हैं दोनों वक़्त गले
यही चराग़ जलाने का वक़्त होता है।

मैं इससे पहले कि बिखरूँ इधर उधर हो जाऊँ
मुझे सँभाल ले मुमकिन है दर ब दर हो जाऊँ।।

यह आबोताब जो मुझ में है सब उसी से है।
अगर वह छोड़ दे मुझको तो मैं खण्डर हो जाऊँ।।

मेरी मदद से खजूरों की फ़स्ल पकने लगे।
मैं चाहता हूँ कि सहरा की दोपहर हो जाऊँ।।

मैं आस पास के मौसम से हूँ तरो ताज़ा।
मैं अपने झुण्ड से निकलूँ तो बे समर हो जाऊँ।।

बड़ी अजीब सी हिद्दत है उसकी यादों में।
अगर मैं छू लूँ पसीने से तर ब तर हो जाऊँ।।

मैं कच्ची मिट्टी की सूरत हूँ तेरे हाथों में।
मुझे तू ढाल दे ऐसे कि मोतबर हो जाऊँ।।

बची खुची हुई साँसों के साथ पहुँचाना।
सुनो हवाओ! अगर मैं शिकस्ता पर हो जाऊँ।।

उनके होंठों से मेरे हक़ में दुआ निकली है।
जब मरज़ फैल चुका है तो दवा निकली है।।

एक ही झटके में यह हो गई टुकड़े टुकड़े।
कितनी कमज़ोर यह ज़ंजीरे वफ़ा निकली है।।

जो दिया सामने पड़ता है वो बुझ जाता है।
आज लगता है नशा करके हवा निकली है।।

इत्तिफ़ाक़ इसको न कहिये कि बुरा लगता है।
जिस जगह बिछड़े थे हम लोग हिना निकली है।।

मेरी इन आँखों ने अंजामे हवस देखा है।
सर झुकाये हुए महलों से अना निकली है।।

ऐसा लगता है कि कर देगा अब आज़ाद मुझे।
मेरी मर्ज़ी से उड़ाने लगा सय्याद मुझे।।

मैं हूँ सरहद पे बने एक मकाँ की सूरत।
कब तलक देखिये रखता है वो आबाद मुझे।।

एक क़िस्से की तरह वह तो मुझे भूल गया।
इक कहानी की तरह वह है मगर याद मुझे।।

कम से कम यह तो बता दे कि किधर जायेगी।
कर के ऐ ख़ाना ख़राबी मेरी, बर्बाद मुझे।।

मैं समझ जाता हूँ इसमें कोई कमज़ोरी है।
मेरे जिस शेर पे मिलती है बहुत दाद मुझे।।

किसी ग़रीब की बरसों की आरज़ू हो जाऊँ।
मैं इस सुरंग से निकलूँ तो आबे जू हो जाऊँ।।

बड़ा हसीन तक़द्दुस है उसके चेहरे पर।
मैं उसकी आँखों में झाँकूँ तो बा वज़ू हो जाऊँ।।

मुझे पता तो चले मुझ में ऐब हैं क्या क्या।
वो आईना है तो मैं उसके रूबरू हो जाऊँ।।

किसी तरह भी यह वीरानियाँ हों ख़त्म मेरी।
शराब ख़ाने के अन्दर की हावहू हो जाऊँ।।

मेरी हथेली पे होंठों से ऐसी मोहर लगा।
कि उम्र भर के लिए मैं भी सुर्ख़ रू हो जाऊँ।।

कमी ज़रा सी भी मुझमें न कोई रह जाये।
अगर मैं ज़ख़्म की सूरत हूँ तो रफ़ू हो जाऊँ।।

नये मिज़ाज के शहरों में जी नहीं लगता।
पराने वक़्तों का फिर से मैं लखनऊ हो जाऊँ।।

दरिया दिली से अब्रे करम भी नहीं मिला।
लेकिन मुझे नसीब से कम भी नहीं मिला।।

फिर उँगलियों को ख़ूँ में डुबोना पड़ा हमें।
जब हमको माँगने पे क़लम भी नहीं मिला।।

सच बोलने की राह में तन्हा हमीं मिले।
इस रास्ते में शैख़े हरम भी नहीं मिला।।

मैंने तो सारी उम्र निभाई है दोस्ती।
वह मुझसे खा के मेरी क़सम भी नहीं मिला।।

दिल को ख़ुशी भी हद से ज़ियादा नहीं मिली।
कासे के एतबार से ग़म भी नहीं मिला।।

नये लहजे को, शेरी ज़ाविये को याद रखियेगा।
मेरे टाँके हुए हर क़ाफ़िये को याद रखियेगा।।

यह दुनिया आपको इक रोज़ पलकों पर बिठायेगी।
मगर उस वक़्त भी इस बोरिये को याद रखियेगा।।

मैं जब भी गाँव से चलता हूँ मुझसे गाँव कहता है।
मुहर्रम आये तो इस ताज़िये को याद रखियेगा।।

लिपट जाता है यह कहते हुए नन्हा सा इक जुगनू।
वहाँ की रौशनी में इस दिये को याद रखियेगा।।

ज़बाने ख़ास में पैग़ाम दे कर उड़ गया कागा।
हमें मत भूलियेगा, डाकिये को याद रखियेगा।।

हवा जब भी पसीना ख़ुश्क करती है तो कहती है।
मियाँ! अच्छे दिनों में तौलिये को याद रखियेगा।।

आपस में दोनों मुल्कों का परचम बदल गया।
कल रात उसके ग़म से मेरा ग़म बदल गया।।

बिल्कुल उदास बच्चे की सूरत था कल तलक।
तुम हँस दिये तो शहर का मौसम बदल गया।।

उसमें वो पहले जैसी कोई बात ही न थी।
अब के वह शख़्स लौटा तो इक दम बदल गया।।

चारागरी भी अपने हुनर पर अड़ी रही।
मेरे भी ज़ख़्म खुश हैं कि मरहम बदल गया।।

दौलत भी कैसे कैसे दिखाती है मोजिज़े।
इक बेहया के पेड़ से शीशम बदल गया।।

सहरा पसन्द हो के सिमटने लगा हूँ मैं।
अन्दर से लग रहा है कि बँटने लगा हूँ मैं।।

क्या फिर किसी सफ़र पे निकलना है अब मुझे।
दीवारो दर से क्यों ये लिपटने लगा हूँ मैं।।

आते हैं जैसे जैसे बिछड़ने के दिन क़रीब।
लगता है जैसे रेल से कटने लगा हूँ मैं।।

क्या मुझमें एहतिजाज की ताक़त नहीं रही।
पीछे की सिम्त किस लिए हटने लगा हूँ मैं।।

फिर सारी उम्र चाँद ने रक्खा मेरा ख़याल।
इक रोज़ कह दिया था कि घटने लगा हूँ मैं।।

अच्छी से अच्छी आबो हवा के बग़ैर भी।
ज़िन्दा हैं कितने लोग दवा के बग़ैर भी।।

साँसों का कारोबार बदन की ज़रूरतें।
सब कुछ तो चल रहा है दुआ के बग़ैर भी।।

बरसों से इस मकान में रहते हैं चन्द लोग।
इक दूसरे के साथ वफ़ा के बग़ैर भी।।

अब ज़िन्दगी का कोई भरोसा नहीं रहा।
मरने लगे हैं लोग कज़ा के बग़ैर भी।।

हम बेक़ुसूर लोग भी दिलचस्प लोग हैं।
शर्मिन्दा हो रहे हैं ख़ता के बग़ैर भी।।

चारागरी बताये अगर कुछ इलाज है।
दिल टूटने लगे हैं सदा के बग़ैर भी।।

वह बिछड़ कर भी कहाँ मुझसे जुदा होता है।
रेत पर ओस से इक नाम लिखा होता है।।

ख़ाक आँखों से लगाई तो हुआ यह एहसास हुआ।
अपनी मिट्टी से हर इक शख़्स जुड़ा होता है।।

सारी दुनिया का सफ़र ख़्वाब में कर डाला है।
कोई मंज़र हो मेरा देखा हुआ होता है।।

मैं भुलाना भी नहीं चाहता इसको लेकिन।
मुस्तक़िल जख़्म का रहना भी बुरा होता है।।

ख़ौफ़ में डूबे हुए शह्र की क़िस्मत है यही।
मुंतज़िर रहता है हर शख़्स कि क्या होता है।।

दुनिया सुलूक करती है हलवाई की तरह।
तुम भी उतारे जाओगे बालाई की तरह।।

माँ बाप मुफ़लिसों की तरह देखते हैं बस।
क़द बेटियों के बढ़ते हैं महँगाई की तरह।।

अब तक हमारी आँखों में मंज़र वो क़ैद है।
रुख़्सत हुए थे आप भी बीनाई की तरह।।

हम चाहते हैं रक्खे ज़माना हमें भी याद।
ग़ालिब के शेर, तुलसी की चौपाई की तरह।।

हमसे हमारी पिछली कहानी न पूछिये।
हम ख़ुद उधड़ने लगते हैं तुरपाई की तरह।।

सूना पड़ा था दिल का नगर एक उम्र से।
तेरे बग़ैर जाड़े की अँगनाई की तरह।।

मिलता था आते जाते हुए रास्ते में रोज़।
पीपल का एक पेड़ बड़े भाई की तरह।।

जीना था जितना जी लिया अपने नसीब का।
अब तो मैं जी रहा हूँ तुम्हारे नसीब का।।

होता नहीं था मेरा निशाना कभी ख़ता।
दुश्मन निकल गया मगर अच्छे नसीब का।।

अपने नसीब पर तो भरोसा नहीं हमें।
देखेंगे हम करिश्मा तुम्हारे नसीब का।।

किस मुँह से आयेगी मुझे दुनिया नवाज़ने।
दुनिया को ख़ुद ही मिलता है मेरे नसीब का।।

हम कुण्डलियों का लिक्खा हुआ मानते नहीं।
हम फैसला करेंगे ख़ुद अपने नसीब का।।

घर छोड़ने से दूर अज़ीयत कहाँ हुई।
यह तो फ़रार हो गया, हिजरत कहाँ हुई।।

यूँ ही शिकस्त मान के कुछ फ़ायदा नहीं।
यह सोचना पड़ेगा हिमाक़त कहाँ हुई।।

तुम कुछ दिनों तलक न मिलोगे रक़ीब से।
यह तो गुरेज़ हो गया इद्दत कहाँ हुई।।

मिलता है वह ज़रूर मगर आ के ख़्वाब में।
यह एहतियात हो गई शिद्दत कहाँ हुई।।

तय तो यही हुआ था न रोयेंगे उम्र भर।
यह देखना पड़ेगा बग़ावत कहाँ हुई।।

आया है कोई अपनी ख़ुशी से नवाज़ने।
तोहफ़ा हुआ जनाब यह रिश्वत कहाँ हुई।।

जब से कमी तुम्हारे मज़ालिम में आ गई।
शर्मिन्दगी भी लौट के मुजरिम में आ गई।।

पहले तो खुल के मिलते थे इक दूसरे से हम।
फिर इक दरार जैसी मरासिम में आ गई।।

अह्ले हवस के दर पे अना भी खड़ी मिली।
पूरब की रहने वाली भी पच्छिम में आ गई।।

अब फ़ासलों की कोई हक़ीक़त नहीं रही।
दुनिया सिमट के छोटे से इक 'सिम' में आ गई।।

इंसाफ़ करने वाले तो मूसा मिज़ाज थे।
फ़िरऔनियत कहाँ से ये हाकिम में आ गई।।

मैं एहतिजाज करने के लायक़ नहीं रहा।
या फिर कमी तुम्हारे मज़ालिम में आ गई।।

ये दुरवेशों की बस्ती है यहाँ ऐसा नहीं होगा।
लिबासे ज़िन्दगी फट जायेगा मैला नहीं होगा।।

शेयर बाज़ार में क़ीमत उछलती गिरती रहती है।
मगर यह ख़ूने मुफ़लिस है कभी महँगा नहीं होगा।।

तेरे एहसान की ईंटें लगी हैं इस इमारत में।
हमारा घर तेरे घर से कभी ऊँचा नहीं होगा।।

हमारी दोस्ती के बीच ख़ुदग़र्ज़ी भी शामिल है।
ये बे मौसम का फल है ये बहुत मीठा नहीं होगा।।

पुराने शह्र के लोगों में इक रस्मे मुरव्वत है।
हमारे पास आ जाओ कभी धोका नहीं होगा।।

ये ऐसी चोट है जिसको हमेशा दुखते रहना है।
यह ऐसा ज़ख़्म है जो उम्र भर अच्छा नहीं होगा।।

फिर हवा सिर्फ़ चराग़ों का कहा करती है।
जब दवा कुछ नहीं करती तो दुआ करती है।।

इक समन्दर है जो शहरों को निगल जाता है।
इक नदी है जो समन्दर का भला करती है।।

तुम कभी उसको भुलाने की न कोशिश करना।
ये दवा और भी ज़ख़्मों को हरा करती है।।

कोशिशें करती चली आई है दुनिया लेकिन।
उम्र वह पूँजी है जो रोज़ घटा करती है।।

यूँ तो अब उसको सुझाई नहीं देता लेकिन।
माँ अभी तक मेरे चेहरे को पढ़ा करती है।।

माँ की सब आदतें बेटी में चली आई हैं।
मैं तो सो जाता हूँ लेकिन वो जगा करती है।।

कब वापसी का हुक्म हो धड़का भी लग गया।
अब तो हमारी आँखों पे चश्मा भी लग गया।।

माँ लाशऊरी तौर पे शेरों में आ गई।
जन्नत में एक पेड़ ग़ज़ल का भी लग गया।।

गौरय्या ले के जाये कहाँ अपना घोंसला।
इस पेड़ पर तो शहृद का छत्ता भी लग गया।।

बचपन में इतनी बात पे भी रो चुके हैं हम।
चिड़िया कहाँ से आयेगी शीशा भी लग गया।।

माँ बाप खुश हैं काम पे बच्चे को भेज कर।
दुनिया के कारोबार में सजदा भी लग गया।।

यह मोजिज़ा भी देखा है साहिल पे एक रोज़।
ख़िदमत में एक प्यासे की दरिया भी लग गया।।

इक हाथ भी उठा न गवाही के वास्ते।
लगने को मेरे नाम/पे मेला भी लग गया।।

खुद अपने ही हाथों का लिखा काट रहा हूँ।
ले देख ले दुनिया, मैं पता काट रहा हूँ।।

यह बात मुझे देर से मालूम हुई है।
ज़िन्दाँ है यह दुनिया, मैं सज़ा काट रहा हूँ।।

अब आपकी मर्ज़ी है इसे जो भी समझिये।
लेकिन मैं इशारे से हवा काट रहा हूँ।।

तूने जो सज़ा दी थी जवानी के दिनों में।
मैं उम्र की चौखट पे खड़ा काट रहा हूँ।।

फिर से बदल के मिट्टी की सूरत करो मुझे।
इज़्ज़त के साथ दुनिया से रुख़्सत करो मुझे।।

मैंने तो तुमसे की ही नहीं कोई आरज़ू।
पानी ने कब कहा था कि शर्बत करो मुझे।।

कुछ भी हो मुझको एक नई शक्ल चाहिए।
दीवार पर बिछाओ कि अब छत करो मुझे।।

जन्नत पुकारती है कि मैं हूँ तेरे लिये।
दुनिया ब ज़िद है मुझसे कि जन्नत करो मुझे।।

इस इम्तिहान से सब को गुज़रना पड़ता है।
मेरी कहानी में हीरो को मरना पड़ता है।।

जो मुझको हाथ लगाता है टूट जाता है।
मैं आइना हूँ मुझे ख़ुद सँवरना पड़ता है।।

भले बुरे में वही है जो काम आता है।
इसीलिए तो उसे याद करना पड़ता है।।

हमारे शेर समझना कोई मज़ाक़ नहीं।
जनाब! कच्चे कुएँ में उतरना पड़ता है।।

मुशायरा भी तमाशा मदार शाह का है।
यहाँ पे शेर को बकरी से डरना पड़ता है।।

ज़मीं भी जाये अदब है मियाँ, ये ध्यान रहे।
यहाँ जहाज़ से झुक कर उतरना पड़ता है।।

दवा कोई भी यहाँ कारगर नहीं होती।
यहाँ तो ज़ख़्म को ज़ख़्मों से भरना पड़ता है।।

फ़ज़ायें यूँ ही मोअत्तर नहीं हुआ करतीं।
हसीन फूलों को पहले बिखरना पड़ता है।।

सारी दौलत तेरे क़दमों में पड़ी लगती है।
तू जहाँ होता है क़िस्मत भी गड़ी लगती है।।

ऐसे रोया था बिछड़ते हुए वह शख़्स कभी।
जैसे सावन के महीने में झड़ी लगती है।।

हम भी अपने को बदल डालेंगे रफ़्ता रफ़्ता।
अभी दुनिया हमें जन्नत से बड़ी लगती है।।

खुशनुमा लगते हैं दिल पर तेरे ज़ख़्मों के निशाँ।
बीच दीवार में जिस तरह घड़ी लगती है।।

तू मेरे साथ अगर है तो अँधेरा कैसा।
रात खुद चाँद सितारों से जड़ी लगती है।।

मैं रहूँ या न रहूँ नाम रहेगा मेरा।
ज़िन्दगी उम्र में कुछ मुझसे बड़ी लगती है।।

इंसान के हांथों की बनाई नहीं खाते।
हम आम के मौसम में मिठाई नहीं खाते।।

कुछ भी हो ताल्लुक में दरारें नहीं पड़तीं।
हम इसलिए बच्चों की कमाई नहीं खाते।।

हम से तो समझदार हैं यह फूल से बच्चे।
जो दूध तो पीते हैं मलाई नहीं खाते।।

ईमान का जज़्बा अभी मौजूद है शायद।
हम लोग कोई चीज़ पराई नहीं खाते।।

मश्कूक हुआ जाता है क्यों ख़ून का रिश्ता।
इक साथ में क्यों बैठ के भाई नहीं खाते।।

छाँव मिल जाये तो कम दाम में बिक जाती है।
अब थकन थोड़े से आराम में बिक जाती है।।

आप क्या मुझको नवाज़ेंगे जनाबे आली।
सल्तनत तक मेरे ईनाम में बिक जाती है।।

शेर जैसा भी हो इस शहर में पढ़ सकते हो।
चाय जैसी भी हो आसाम में बिक जाती है।।

वह सियासत का इलाक़ा है उधर मत जाना।
आबरू कूचये बदनाम में बिक जाती है।।

जिसे भी देखिये वो मुस्तहक़ निकलता है।
मेरी कमाई पे किस किस का हक़ निकलता है।।

तमाम सहरा को शादाब कर दिया इसने।
अरब की रेत से ऐसा अरक़ निकलता है।।

वह चाहे मजनूँ हो, फ़रहाद हो कि राँझा हो।
हर एक शख़्स मेरा हम सबक़ निकलता है।।

हमारा तज़किरा चाहे किसी किताब में हो।
हमेशा बीच से सादा वरक़ निकलता है।।

हवेलियों के मुक़द्दर अजीब होते हैं।
किसी भी चेहरे को देखो वो फ़क़ निकलता है।।

घर में रहते हुए ग़ैरों की तरह होती हैं।
लड़कियाँ धान के पौदों की तरह होती हैं।।

उड़ के इक रोज़ बहुत दूर चली जाती हैं।
घर की शाख़ों पे ये चिड़ियों की तरह होती हैं।।

सहमी सहमी हुई रहती हैं मकाने दिल में।
आरजूयें भी ग़रीबों की तरह होती हैं।।

टूट कर ये भी बिखर जाती हैं इक लम्हे में।
कुछ उमीदें भी घरौंदों की तरह होती हैं।।

आपको देख के जिस वक़्त पलटती है नज़र।
मेरी आँखें मेरी आँखों की तरह होती हैं।।

नज़्में

उड़े कबूतर उड़े ख़याल

इक बोसीदा मस्जिद में
दीवारों, मेहराबों पर
और कभी छत की जानिब
मेरी आँखें घूम रही हैं
जाने किसको ढूँढ रही हैं
मेरी आँखें रुक जाती हैं
लोहे के उस ख़ाली हुक पर
जो ख़ाली ख़ाली नज़रों से
हर इक चेहरा देख रहा है।
इक ऐसे इंसान का
शायद जो इक पंखा ले आयेगा
लायेगा और दूर करेगा
मस्जिद की बे सामानी को
ख़ाली हुक की वीरानी को
मैंने जब इस हुक को देखा
मेरी नन्हीं फूल सी बेटी
मेरी आँखों में दर आई
भोली माँ ने उसकी
अपनी प्यारी, राज दुलारी बेटी के
दोनों कानों को
अपने हाथों से छेद दिया
फूलों जैसे कानों में फिर
नीम के तिनके डाल दिये हैं

उम्मीदों, आसों के सहारे
दिल ही दिल में सोच रही है
जब हमको अल्लाह हमारा
थोड़ा सा भी पैसा देगा
बेटी के कानों में उस दिन
बालियाँ होंगी, बुन्दे होंगे
मैंने अनथक मेहनत करके
पंखा एक खरीद लिया है
मस्जिद के उस खाली हुक को
मैंने पंखा सौंप दिया है
हुक में पंखा देख के मुझको
होता है महसूस कि जैसे
मेरी बेटी बालियाँ पहने
घर की छत पर घूम रही है!

लिपस्टिक

उसकी हर बात
हर इशारे
हर कनाये को मैं आसानी से
समझ लेता था
लेकिन पता नहीं क्यों उसने
मेरे लिखे हुए पुराने ख़तों में
सोये हुए बे कुसूर लफ़्ज़ों को
अपनी लाल रंग की लिपस्टिक से
हरा करने की कोशिश की है
क्यों

अमानतदार

मेरे लिए कुछ भी मुश्किल नहीं है
सब कुछ बहुत आसान है
बहुत ही आसान
बच्चों के सायकिल चलाने जैसा
नये परों से उड़ने के हौसले जैसा
किसी किताब को ख़रीद कर पढ़ने जैसा
किसी मिठाई की दुकान पर खड़े हो कर
ढाक के तीन पत्तों के गठबंधन की मदद से
गर्म गर्म जलेबी या नमकीन बताशे खाने जैसा
लेकिन मैं तुम्हें मैला करके
किसी को वापस लौटाना नहीं चाहता हूँ।

क्यों?

अब मुझे अपना पेशा बदल देना चाहिए
क्योंकि पेशे की मजबूरी
औरत को तवाएफ़
और मर्द को क़स्साब बना देती है
मैं अब
गाय और उसके थनों से
मुहब्बत करने लगा हूँ
यक़ीनन अब मुझे पेशा बदल देना चाहिए
क्यों, ठीक है ना!

अशरफ़ुल मख़लूक़

तितली
भौंरे
और शहद की मक्खी
लड़ाई क्यों नहीं होती
क्या लड़ाई सिर्फ इंसानों का मुक़द्दर है
क्या रक़ाबत का एहसास
सिर्फ़ इंसानों के पास है
चलो यह बात किसी फूल से चल कर पूछते हैं

गुज़ारिश

जिस्म की बोली लगते समय वह
ज़्यादातर खामोश रहती है
कोई मोल भाव
कोई तर्क वितर्क नहीं करती
एहतिजाज और शर्मिन्दगी को दूर रखती है
लेकिन वह किसी को भी अपने होंठ चूमने की इजाज़त
नहीं देती
जब कोई उसे बहुत मजबूर करता है
तो वह रोते बिलखते और हाथ जोड़ते हुए
सिर्फ़ इतना कहती है
कि
यह होंठ मैं किसी को दान कर चुकी हूँ
और बड़े लोग दान की हुई चीज़ें
कभी नहीं लेते।

उलझी हुई एक दुआ

तुम अपनी उँगलियों से
पूछ लेती हो
मेरे बारे में
मेरी नीयत और इरादे को
अगर मैं बादशाहे वक़्त होता तो
तुम्हारी उँगलियों को तरश्वा देता
किसी जल्लाद के हाथों
अगर आशिक़ हुआ होता
तो मैं चूम लेता
यह तुम्हारी उँगलियाँ बढ़ कर
मगर मैं अपनी धुन में खोया
इक क़लन्दर हूँ
दुआ देता हूँ तुम्हारी उँगलियों
की मुख़बिरी और छेड़ख़ानी को

सफेद दाग़

चेहरे से कुछ पता नहीं चलता
गुफ़्तगू में भी मिठास रहती है
आने जाने का वक़्त भी नहीं बदलता
कपड़े और खुशबू में भी मस्ती पसन्द होती है
घर के लोगों को फ़िज़ूल ख़र्ची की भी छूट होती है
सुबह की चाय और अख़बार भी आदत का हिस्सा बने रहते हैं
टीवी चैनलों पर ख़बरों का मामूल भी वही रहता है
ससुराली रिश्तों की सरसराहटें भी ज़िन्दा रहती हैं
बीवी से छेड़ छाड़ भी जारी रहती है
तोहफ़े तहाएफ़ का सिलसिला भी चलता रहता है
हर काम अपने वक़्त पर होता रहता है
लेकिन बीवी के चौकन्ना होते ही
शौहर के चेहरे पर दूसरी औरत की तस्वीर बन जाती है

भिकारी

उसकी बनाई हुई हर तस्वीर
अख़बारों की ख़बर बन जाती है
उसकी हर पेंटिंग को इनआमात ललचाई हुई
नज़रों से देखते हैं
उसके ब्रुश से रंगों का रंग खिल जाता है
वह क़ुदरत के हर नज़्ज़ारे को
अपने रंग और ब्रुश से क़ैद कर लेता है
लेकिन
उसकी बीवी की कोख में
कोई तस्वीर नहीं होती
उसके ब्रुश से आँगन की किलकारियाँ नावाक़िफ़ हैं
शायद उस मुसव्विर से
कायनात का सबसे बड़ा मुसव्विर नाराज़ है।

मंसूख़ मोआहिदा

कई सदियों की बहस, हुज्जत और तकरार के बाद
आँधी और चराग़ में यह मोआहिदा हो ही गया
दोनों एक दूसरे का ख़याल रखेंगे
जितनी देर तक यह दि.ा जलेगा।
हवा होंठों पर उंगली रखे रहेगी
और जब हवा फूल पत्तियों से छेड़ख़ानी
करने के लिए निकलेगी
तब दिया जलेगा नहीं
दोनों इस समझौते पर मुतमइन दिखे
लेकिन जब समझौते के काग़ज़ पर दस्तख़त करने का
वक़्त आया
तो दोनों ने इस फ़ार्मूले को क़ुबूल करने से
इंकार कर दिया
यह बात समझ में दोनों के आ गई
कि ज़िन्दगी, छेड़छाड़ के बग़ैर
और समझौतों की ज़ंजीरों में जकड़ कर
ज़िन्दगी नहीं रह जाती
बल्कि उसकी मौत हो जाती
एक झुँझलाई हुई दोपहर में
एक पुरसुकून चिड़िया
इश्क़े पेचाँ की बेल से लिपटी हुई
शाम होने का इन्तिज़ार कर रही है

मेरी मासूम आरज़ू की तरह
बे नाम आरज़ू की तरह
जिसके इन्तिज़ार के मौसमों में
कभी शाम नहीं आई
इस पुरसुकून चिड़िया को कौन समझाये
कि दोपहर और शाम के बीच
कभी समाज शुक्रिये का रूप धार लेता है
और कभी शुक्र समाज बन कर टूट पड़ता है!

मीडिया

अन्दर और बाहर के मौसम में कितना फ़र्क़ होता है
अख़बारात चीख़ने लगे
रेडियो और टेलीविज़न ने मुख़बिरी की रफ़्तार बढ़ा दी
फ़ोटोग्राफ़र हर दुखी मंज़र को
कैमरे में क़ैद करने लगे
सियासी गलियारों में सोग और जश्न का समाँ है
समाजी कार्यकर्ता
इमदाद बाँटने के नाम पर बटोर रहे हैं
आँधियों में जश्न का माहौल है
तूफ़ान ने पूरे शहर को बे दस्तो पा कर दिया
पेड़ पौदे ज़मीन का साथ छोड़ने पर मजबूर थे
लेकिन उसी होटल के एक कमरे में
दो मिलने और बिछड़ने वालों की कहानी तक
न ही अख़बार वाले पहुँचे
न ही टीवी चैनल
क्योंकि ख़बर तो मरने वालों का नसीब है
ज़िन्दा रह जाने वाले ख़बर का हिस्सा नहीं होते!

स्पेयर पार्ट

कार ड्राइव करते हुए महसूस
हुआ कि इंजन का कोई 'नट' साथ
छोड़ गया है
साथ छोड़ने वाले 'नट'
और हमसफ़र को तलाश नहीं किया जाता
बल्कि
इसका बदल तलाश किया जाता है
मैंने भी एक छोटे से कार मिस्त्री की
उम्मीदों से छोटी दुकान के किनारे
अपनी कार खड़ी कर दी।
मिस्त्री पुराने नट बोल्ट से भरे डिब्बे में
मेरे लिए नट तलाश करता रहा
थोड़ी सी तलाश व जुस्तजू के बाद वह कामयाब हो गया
हमारी नेकियाँ भी आमाल के डिब्बे में ऐसे ही
पड़ी रहती हैं
और ब वक़्ते ज़रूरत
तक़दीर के इंजन को सीज़ होने से
बचा लेती हैं!

उकताये हुए बदन

उम्र की ढलती हुई दोपहर में
ठण्डी हवा के झोंके का एहसास भी
आदमी को ताज़ा दम कर देता है
और अगर सचमुच ख़ुनक हवायें
थकन नसीब जिस्म से खेलने लगें
तो शब की तारीकी ख़िज़ाब जैसी दिखाई देती है
आसपास गर्दिश करता हुआ सन्नाटा
आरज़ूओं की गहमागहमी से गूँजने लगता है
ख़्वाब ताबीरों की तलाश में भटकने लगते हैं
बदन की उकताहटें चौपाल के शोर शराबे में
डूब जाती हैं
ढलते हुए सूरज की लाली से सुहाग जोड़े की ख़ुशबू
आने लगती है
लेकिन ख़्वाबीदा आरज़ूओं की शाहराह से गुज़रते हुए
लोग
अपनी मंज़िल का पता भूल जाते हैं
इसी पता भूलने को समाज
धर्म और मज़हब की आड़ लेकर
ऐसी बेहूदा गालियाँ देता है
जो तवायफ़ों के महल्लों में भी नहीं
सुनाई देतीं!

आख़िरी दिन

आओ, इस सूखे हुए पेड़ के नीचे बैठें
जिसके पत्तों ने इसका साथ छोड़ दिया है
जिसकी शाख़ें मुर्झा चुकी हैं
जिसके पास ख़ुश रंग चिड़ियाँ नहीं फटकतीं
जिस पर गिद्ध और चील भी बैठना पसन्द नहीं करते
आओ, आज हम दोनों इस पेड़ के नीचे बैठें
अगर हमारी मुहब्बत सच्ची, हरी भरी और ताज़ा दम है
तो यह पेड़ फिर से हरा भरा हो जायेगा
और अगर ऐसा नहीं है तो भी
कम अज़ कम ऐसा करने से
यह बद नसीब पेड़
अपने आपको अकेला नहीं समझेगा।

पटवारी का फ़ीता

बया का घोंसला
परिन्दों की वह टेकनालोजी है
जिसकी नक़्ल करके इंसानों ने
ऊँची ऊँची इमारतें तामीर कीं
लेकिन बया के बच्चे अपने लिए नया घोंसला बनाते हैं
उन्हें अपने पुरखों की हवेली से डर लगता है
वह इंसानों की तरह ज़मीन की तक़्सीम का खेल नहीं खेलते
इसलिए उनके यहाँ
कोई लेखपाल या तहसीलदार नहीं होता
वह अपना फ़ैसला ख़ुद करने के लिए आज़ाद होते हैं!

द एण्ड

मैंने अपनी कच्ची उम्र की द्रोपदी को
तरक़्क़ी के जुए में
दाँव पर लगा दिया
और मैं जीत गया
इस जीत का एहसास लेकिन तब हुआ
जब मैंने अपने बालों में
सफ़ेद बर्फ़ जमी देखी
मैं एक झुरझुरी लेकर रह गया
लेकिन अब क्या हो सकता था
कुछ भी नहीं
क्योंकि खेल तो ख़त्म हो चुका था।

ख़ुद कलामी

क्या ज़रूरी है कि हम फ़ोन पे बातें भी करें।
क्या ज़रूरी है कि हर लफ़्ज़ महकने भी लगे।।
क्या ज़रूरी है कि हर ज़ख़्म से ख़ुशबू आये।
क्या ज़रूरी है वफ़ादार रहें हम दोनों।।
क्या ज़रूरी है दवा साज़ी असर कर जाये।
क्या ज़रूरी है कि हर ख़्वाब हम अच्छा देखें।।
क्या ज़रूरी है कि जो चाहें वही हो जाये।
क्या ज़रूरी है कि मौसम हो हमारा साथी।।
क्या ज़रूरी है सफ़र में कहीं साया भी मिले।
क्या ज़रूरी है तबस्सुम यूँ ही मौजूद रहे।।
क्या ज़रूरी है हर इक राह में जुगनू चमकें।
क्या ज़रूरी है कि अश्कों को रवानी भी मिले।।
क्या ज़रूरी है कि मिलना ही मुक़द्दर ठहरे।
क्या ज़रूरी है कि हर रोज़ मिलें हम दोनों।
हम जहाँ गाँव बसायें वहाँ इक झील भी हो।
क्या ज़रूरी है मुहब्बत! तेरी तकमील भी हो।।

लगने लगे हो चेहरे से...

वह कितने अख़्तियार से कहता है छोड़ दो।
बुत बन के एतबार से कहता है छोड़ दो।।
फिर चश्मे अश्कबार से कहता है छोड़ दो।।
हँसता है हँस के प्यार से कहता है छोड़ दो।।

तुमको हमारे सर की क़सम है ये छोड़ दो।
चाहत की हर डगर की क़सम है ये छोड़ दो।।
इस मेरी चश्मे तर की क़सम है ये छोड़ दो।।
तुमको तुम्हारे घर की क़सम है ये छोड़ दो।।

अच्छे भले भी कहने लगे हैं कि छोड़ दो।
यह फेफड़े भी कहने लगे हैं कि छोड़ दो।।
सारे बड़े भी कहने लगे हैं कि छोड़ दो।
अब दूसरे भी कहने लगे हैं कि छोड़ दो।।

ख़ुद को जो ज़ख़्म देती हो तलवार छोड़ दो।
लगने लगे हो चेहरे से बीमार छोड़ दो।।
दिल अपना क्यों जलाते हो बेकार छोड़ दो।
लग जाये ना कहीं कोई आज़ार छोड़ दो।।

कहता है हाथ जोड़ के सरकार छोड़ दो।
सिगरेट मत पिया करो अब यार छोड़ दो।।

मेरे दरवाज़े पे लिख दो...

एक बे नाम सी चाहत के लिए आई थी।
आप लोगों से मुहब्बत के लिए आई थी।।
मैं बड़े बूढ़ों की ख़िदमत के लिए आई थी।
कौन कहता है हुकूमत के लिए आई थी।।

शजरवो रंगो गुलो बू नहीं देखा जाता।
शक की नज़रों से बहू को नहीं देखा जाता।

रुख़्सती होते ही माँ बाप का घर भूल गई।
भाई के चेहरों को बहनों की नज़र भूल गई।।
घर को जाती हुई हर राह गुज़र भूल गई।
मैं वह चिड़िया हूँ कि जो अपना शजर भूल गई।।

मैं तो जिस देस में आयी थी वही याद रहा।
हो के बेवा भी मुझे सिर्फ 'पती' याद रहा।।

नफ़रतों ने मेरे चेहरे से उजाला छीना।
जो मेरे पास था इक चाहने वाला, छीना।।
सर से बच्चों के मेरे बाप का साया छीना।
मुझसे गिरजा भी लिया मेरा शिवाला छीना।।

अब यह तक़दीर तो बदली भी नहीं जा सकती।
मैं वह बेवा हूँ जो इटली भी नहीं जा सकती।।

अपने घर में ये बहुत देर कहाँ रहती है।
लेके तक़दीर जहाँ जाये वहाँ रहती है।।
घर वही होता है औरत का जहाँ रहती है।
मेरे दरवाज़े पे लिख दो यहाँ माँ रहती है।।

सब मेरे बाग़ के बुलबुल की तरह लगते हैं।
सारे बच्चे मुझे रहुल की तरह लगते हैं।।

हर दुखे दिल से मुहब्बत है बहू का ज़िम्मा।
घर की इज़्ज़त की हिफ़ाज़त है बहू का ज़िम्मा।।
घर के सब लोगों की ख़िदमत है बहू का ज़िम्मा।
नवजवानी की इबादत है बहू का ज़िम्मा।।

आये बाहर से मगर सब की चहेती बन कर।
वह बहू है जो रहे साथ में बेटी बन कर।।

ऐ मुहब्बत तुझे अब तक कोई समझा ही नहीं।
तेरा लिक्खा हुआ शायद कोई पढ़ता ही नहीं।।
घर को छोड़ा तो पलट कर कभी देखा ही नहीं।
वापसी के लिए मैंने कभी सोचा ही नहीं।।

घर की दहलीज़ पे कश्ती को जला आई हूँ।
जो टिकट था उसे दरिया में बहा आई हूँ।।

मैंने आँखों को कहीं पर भी छलकने न दिया।
चादरे ग़म को ज़रा सा भी मसकने न दिया।।
अपने बच्चों को भी हालात से थकने न दिया।
सर से आँचल को किसी पल भी सरकने न दिया।।

मुद्दतें हो गईं खुल कर कभी रोई भी नहीं।
इक ज़माना हुआ मैं चेन से सोई भी नहीं।।

अपनी इज़्ज़त को पराया भी कहीं कहते हैं।
चाँदनी को कभी साया भी कहीं कहते हैं।
क्या मुहब्बत का बक़ाया भी कहीं कहते हैं।
फल को पेड़ों का किराया भी कहीं कहते हैं।

मैं दुल्हन बन के भी आयी इसी दरवाज़े से।
मेरी अर्थी भी उठेगी इसी दरवाज़े से।।

आग नफ़रत की भला मुझको जलाने से रही।
यह सियासत मुझे इस घर से भगाने से रही।।
छोड़ कर सब को मुसीबत में तो जाने से रही।
उठ के यह मिट्टी तो इस मिट्टी से जाने से रही।।

मैं अगर जाना भी चाहूँ तो न जाने देगी।
अब ये मिट्टी मेरी मिट्टी को न जाने देगी।।

मेरी आँखों की शराफ़त में यहाँ की मिट्टी।
मेरे जीवन की मुहब्बत में यहाँ की मिट्टी।।
मेरी क़ुर्बानी की ताक़त में यहाँ की मिट्टी।
टूटी फूटी सी इस औरत में यहाँ की मिट्टी।।

कोख में रख के यह मिट्टी उन्हें धनवान किया।
मैंने प्रियंका व राहुल को भी इंसान किया।।

मेरे होंठों पे है भारत की ज़बाँ की ख़ुशबू।
किसी देहात के कच्चे से मकाँ की ख़ुशबू।।
अब मेरे ख़ून से आती है यहाँ की ख़ुशबू।
सूँघिये मुझको तो मिल जायेगी माँ की ख़ुशबू।।

पेड़ बोया है तो इक दिन मुझे मेवा देगा।
मेरी अर्थी को चिता भी मेरा बेटा देगा।।

राम का देस है नानक का वतन है भारत।
कृष्ण की धरती है गौतम का चमन है भारत।।
मीर का शेर है मीरा का भजन है भारत।
जिसको हर इक ने सजाया वह दुल्हन है भारत।।

खुद को इक रोज़ इसी मिट्टी में बोना है मुझे।
मर के भी चैन से भारत में ही सोना है मुझे।।

फूल मुझको मेरे बचपन की तरह लगते हैं।
पेड़ जितने भी हैं चंदन की तरह लगते हैं।।
सारे चेहरे मुझे दरपन की तरह लगते हैं।
भारती सब मुझे लक्ष्मन की तरह लगते हैं।।

जानती हूँ कि मैं सीता तो नहीं हो सकती।
लेकिन इतिहास के पन्नों में नहीं खो सकती।।

आप लोगों का भरोसा है ज़मानत मेरी।
धुँधला धुँधला सा वह चेहरा है ज़मानत मेरी।।
आपके घर की ये चिड़िया है ज़मानत मेरी।
आपके भाई का बेटा है ज़मानत मेरी।

है अगर दिल में किसी के कोई शक निकलेगा।
जिस्म से ख़ून नहीं सिर्फ नमक निकलेगा।।

रुख़सती

जहाँ भी जाओ मिसाले बहार बन के रहो।
हर एक दिल का मुसलसल क़रार बन के रहो।।
न ख़त्म हो जो कभी इंतिज़ार बन के रहो।
दिलों पे राज करो एतबार बन के रहो।।

जो माँ से तुमको मिली हैं वफायें रख लेना।
ग़रीब बाप की बूढ़ी दुआयें रख लेना।।

बिलखता चीख़ता बचपन तुम्हें पुकारेगा।
बहन की आँखों का सावन तुम्हें पुकारेगा।।
तुम्हारे कमरे का दरपन तुम्हें पुकारेगा।
तुम्हारे बाद यह आँगन तुम्हें पुकारेगा।।

मगर हसीन सी मंज़िल की सिम्त जाती है।
ये रह गुज़र जो किसी दिल की सिम्त जाती है।।

बिछड़ती छूटती राहों की सिम्त मत देखो।
किसी भी भाई की आहों की सिम्त मत देखो।।
पुकारती हुई बाँहों की सिम्त मत देखो।
तुम अपनी माँ की निगाहों की सिम्त मत देखो।।

ख़ुशी की बात पे आँखों को नम नहीं करते।
सफ़र के वक्त बिछड़ने का ग़म नहीं करते।।

हर एक ख़ाला की शफ़क़त का वास्ता तुमको।
मुमानियों की शराफ़त का वास्ता तुमको।।
हर इक फुफी की मुहब्बत का वास्ता तुमको।
तुम्हारी अपनी इबादत का वास्ता तुमको।।

ग़मों की धूप को बादल बना के दम लेना।
हर इक अँधेरे को काजल बना के दम लेना।।

यह नदी गुज़रे जहाँ से...

सिन्ध सदियों से हमारे देश की पहचान है।
यह नदी गुज़रे जहाँ से समझो हिन्दुस्तान है।।

पेड़ पौदों के हरे पत्तों को चमकाती हुई।
फूल पर लेकिन कटोरों रंग ढलकाती हुई।।
अप्सरा उतरे ज़मीं पर ऐसे इठलाती हुई।
पत्थरों से बात करती बोलती गाती हुई।।

अपनी लहरों में छुपाये बाँसुरी की तान है।
यह नदी गुज़रे जहाँ से समझो हिन्दुस्तान है।।

चाँद तारे पूछते हैं रात भर बस्ती का हाल।
दिन में सूरज ले के आ जाता है इक सोने की थाल।।
खुद हिमालय कर रहा है इस नदी की देख भाल।
अपने हाथों से ओढ़ाया है इसे क़ुदरत ने शाल।।

क़तरा क़तरा इस नदी का फ़ौजियों की शान है।
यह नदी गुज़रे जहाँ से समझो हिन्दुस्तान है।।

देश के दुख सुख से इसका आज से रिश्ता नहीं।
इसका पानी साफ़ है शफ़्फ़ाफ़ है खारा नहीं।।
आपने, हैरत है अब तक इस तरफ देखा नहीं।
जो सियासत ने बनाया है ये वो नक़्शा नहीं।।

जो हमें कुदरत ने बख़्शा है ये वह सम्मान है।
यह नदी गुज़रे जहाँ से समझो हिन्दुस्तान है।।

सिन्ध को केवल नदी हर्गिज़ न कहना चाहिए।
देश की रग रग में इसको रोज़ बहना चाहिए।।
कम से कम इक दिन यहाँ पर आ के रहना चाहिए।
ज़िन्दगी दुख भी अगर बख़्शे तो सहना चाहिए।।

जिसने पानी पी लिया है सिन्ध का धनवान है।
यह नदी गुज़रे जहाँ से समझो हिन्दुस्तान है।।

हर सिपाही दुश्मनों से जंग करता है यहाँ।
ज़र्रा ज़र्रा मौसमों से जंग करता है यहाँ।।
जिस्म ठण्डी नागिनों से जंग करता है यहाँ।
रोज़ मौसम हौसलों से जंग करता है यहाँ।।

देश पर कुर्बान होना फ़ौजियों की शान है।
यह नदी गुज़रे जहाँ से समझो हिन्दुस्तान है।।

बर्फ़ रेगिस्तान है लद्दाख़ जैसा कर्बला।
बर्फ़ को पानी बना देता है लेकिन हौसला।।
नफ़रतों के बीज बोना है सियासी मश्ग़ला।
आओ मिल जुल कर करें हम लोग अब यह फ़ैसला।।

देश पर दिल भी हमारा जान भी कुर्बान है।
यह नदी गुज़रे जहाँ से समझो हिन्दुस्तान है।।

इस नदी को देश की हर इक कहानी याद है।
इसको बचपन याद है इसको जवानी याद है।।
यह कहीं लिखती नहीं है मुँह ज़बानी याद है।
ऐ सियासत तेरी हर इक मेहरबानी याद है।।

अब नदी से कौन बतलाये ये पाकिस्तान है।
यह नदी गुज़रे जहाँ से समझो हिन्दुस्तान है।।

रास्ता तकती है सिन्धू ऐसे सर खोले हुए।
जैसे कोई रो रहा हो चश्मे तर खोले हुए।।
जैसे चिड़िया सो रही हो अपने पर खोले हुए।
मुंतज़िर बेटे की जैसे माँ हो सर खोले हुए।।

जिनके बेटे फ़ौज में हैं उनका यह बलिदान है।
यह नदी गुज़रे जहाँ से समझो हिन्दुस्तान है।।

था कहाँ तक देश कल तक यह बताती है हमें।
अपने आईने में यह माज़ी दिखाती है हमें।।
जान देना मुल्क पर सिन्धू सिखाती है हमें।
माँ की सूरत अपने सीने से लगाती है हमें।।

ज़ख़्म है छाती पे लेकिन होंठ पर मुस्कान है।
यह नदी गुज़रे जहाँ से समझो हिन्दुस्तान है।।

नये फूल की ख़ुशबू

एक दिन उसने
बातों बातों में मुझसे कहा
कि तुम्हारा मज़हब बहुत महदूद है
मैंने कहा
मज़हब तो कोई सख़्त नहीं होता
मानने वाले सख़्त होते हैं
मज़हब तो माँ की तरह होता है
बहुत नर्म, बड़ा रहम दिल
बहुत मुहब्बत करने वाला
जैसे तुम, तुम्हारा स्कूल, तुम्हारी नर्म दिली
उसने कुछ संकोच करते हुए
कुछ सोचते हुए
थोड़ा झिझकते हुए
मुझसे कहा
मुझे अपना कलमा याद करा दो
मैं माँ बनना चाहती हूँ।

शाएर

मैं अपनी आँखों को बेचना चाहता था
लेकिन कभी कोई ढंग का
ख़रीदार नहीं मिला
हर शख़्स आँखों के साथ
मेरे ख़्वाब भी ख़रीदना चाहता था
लेकिन ख़्वाब ख़रीदे और बेचे कहाँ जाते हैं
फिर मैं अपने अधूरे ख़्वाबों को
तकमील के उबटन के बग़ैर
कैसे किसी को दे सकता था
दुल्हन ख़रीदी और बेची कहाँ जाती है
यह तो क़साई भी नहीं कर सकता
मैं तो शाएर था।

एहतिसाबे गुनाह

एक दिन अचानक उसने पूछा
तुम्हें गिनती आती है
मैंने कहा हाँ
उसने पूछा पहाड़े
मैंने कहा हाँ! हाँ!
फिर उसने फ़ौरन ही पूछा
हिसाब भी आता होगा
मैंने बड़े गुरूर से अपनी डिग्रियों के नाम लिये
उसने कहा बस! बस!
अब मुझसे किये हुए वादों
की गिनती बता दो
मैं तुम्हें माफ कर दूँगी।

सफ़ेद सच

उसकी उँगलियाँ हमेशा सच बोलती हैं
बड़ा यक़ीन था उसे अपनी उँगलियों पर
उनके सच होने पर भी बड़ा नाज़ था
वह हमेशा अपनी उँगलियों को
बातों बातों में चूम लेती थी
एक दिन नादानी में उसने
अपनी उँगलियाँ मेरे होंठों पर रख दीं
उस दिन से उसकी उँगलियाँ भी सच नहीं बोलतीं
सिर्फ़ झूठ बोलती हैं।

कच्चा साथ

बातों बातों में उसने
एक दिन मुझसे कहा
मुझे तो सोना पसन्द है
तुम्हें क्या पसन्द है
मैंने हँसते हुए कहा
जागना!
अगली ही शाम वह किसी दूसरे के साथ
पार्क की उस बेंच पर बैठी थी
जहाँ
उजाला बहुत कम होता है।

सिफ़्र

शकर खाने का शौक़
कभी नहीं जाता
डाक्टर समझाता है
मरीज़ भी परहेज़ की भरपूर कोशिश करता है
घर वाले भी उसकी प्लेट और मिठाई में
फ़ासला रखते हैं
लेकिन
ग़लती अपने लिए राह ढूँढ लेती है
और कई बार की मुसलसल ग़लतियों को ही
मौत कहते हैं
बीमारी की मौत नहीं इंसान की मौत
और मौत की ख़बर सुनने वाला
हर इंसान
इन्ना लिल्लाहि व इन्ना इलैहि राजिऊन की मिट्टी
उसके ख़ाक बदन पर उछाल देता है।

ग़लत फ़ैसला

ढलती उम्र की धूप में
आरज़ूओं के नये कपड़े
कभी ठीक से नहीं सूख पाते हैं
धूप खाने के बाद भी
उनमें नमी बरक़रार रहती है
फिर अचानक उन पर अनदेखे से
धब्बे उभरने लगते हैं
जो उम्र की जड़ों में
कीड़ों की तरह लग जाते हैं
और पेड़ गिरा कर ही दम लेते हैं।

रजिस्ट्री

बचपन में
यह सारी दुनिया मेरी थी
जवानी आते आते
सिर्फ़ शहर मेरा रह गया
उम्र की ढलान पर आते आते
यह ख़ूबसूरत बंगला ही
मेरे क़ब्ज़े में था
और अब
इन आख़िरी दिनों में
मैं सिर्फ उस बिस्तर का मालिक हूँ
जिस पर मेरा नहीफ़ जिस्म रखा हुआ है।

ग़ालिब के बाद...

अल्लाह जानता है मुहब्बत हमीं ने की।
ग़ालिब के बाद आमों की इज़्ज़त हमीं ने की।।

जैसे भी आम हमको मिले हमने खा लिये।
आमों का मान रक्खा मुरव्वत हमीं ने की।।

खट्टे भी खाये शौक़ से मीठे भी खाये हैं।
क़िस्मत के फ़ैसले पे क़नाअत हमीं ने की।।

खाने को आम किसने नहीं खाये हैं जनाब।
लेकिन बयान आम की लज़्ज़त हमीं ने की।।

तोहफ़े में हमने आम लिए भी दिये भी हैं।
पूरी रसूले पाक की सुन्नत हमीं ने की।।

लोगों के पास एक नहीं चार बाग़ हैं।
इस बात की ख़ुदा से शिकायत हमीं ने की।।

हमको डरा नहीं सका शूगर का ख़ौफ़ भी।
ऐ मौत तेरे सामने हिम्मत हमीं ने की।।

बारिश के बावजूद भी हम बाग़ में रहे।
सजदे में सब गये थे इबादत हमीं ने की।।

क़िस्मत में इस फ़क़ीर के इक पेड़ भी नहीं।
लेकिन अमीरे शहर की दावत हमीं ने की।।

किस सादगी से चौधरी साहब ने कह दिया।
दावत तो सब ही करते हैं नीयत हमीं ने की।।

ग़ालिब अमीनाबाद नहीं आ सके तो क्या।
उनकी तरफ़ से हर जगह शिरकत हमीं ने की।।

घर के आँगन की तरह...

हाथ उठाये हुए मग़मूम दुआ करते हैं।
जो मसर्रत से हैं महरूम, दुआ करते हैं।।
टूटे बिखरे हुए मग़मूम दुआ करते हैं।
तू सलामत रहे मासूम दुआ करते हैं।।
तेरी कोशिश से मुक़द्दर यूँ हमारा चमके।
रात को जैसे फ़लक पर कोई तारा चमके।।
ख़ौफ़ो दहशत का चलन बढ़ के मिटाना है तुझे।
बे घरों को भी किसी रोज़ बसाना है तुझे।।
आग नफ़रत की सलीक़े से बुझाना है तुझे।
घर के आँगन की तरह मुल्क सजाना है तुझे।।
हाँ इसी मुल्क के सूरज की किरन है तू भी।
मादरे हिन्द की बेटी है बहन है तू भी।।
तूने मज़हब की सियासत से बचाया ख़ुद को।
फ़िरक़ा बन्दी की कसाफ़त से बचाया ख़ुद को।।
किसी ज़ालिम की हिमायत से बचाया ख़ुद को।
ओछे लोगों की क़यादत से बचाया ख़ुद को।।
तूने ख़ुद्दारी का दरिया कभी रुकने न दिया।
सर को ग़द्दारों के दरबार में झुकने न दिया।।
तेरी शोहरत से लरज़ते हैं हुकूमत वाले।
तेरी नब्बाज़ी से डरते हैं सियासत वाले।।
तेरी बेबाकी का दम भरते हैं जुरअत वाले।
जान दे देंगे तेरे नाम पे इज़्ज़त वाले।

जिन्दगी दीदये पुर नम की तरह होती है।
जीत और हार भी मौसम की तरह होती है।।

तूने तहज़ीब की दीवार को गिरने न दिया।
सर से लिपटी हुई दस्तार को गिरने न दिया।।
किसी मन्दिर किसी दीवार को गिरने न दिया।
और उर्दू के भी मेयार को गिरने न दिया।।

तमकनत रखती है तू लक्ष्मी बाई की तरह।
तुझको मज़लूम नज़र आते हैं भाई की तरह।।

जब वो कुर्सी की गिलाज़त से निकल आयेंगे।
फेंक कर हाथों से फिर नील कंवल आयेंगे।
होगा जिस वक़्त वहाँ फेर बदल आयेंगे।
जो तुझे छोड़ के जाते हैं वो कल आयेंगे।।

कल यही करते हुए तेरी सना आयेंगे।
चूमने को तेरी दस्तारे अना आयेंगे।

छाँव क़िस्मत है तो फिर धूप कहाँ पहुँचेगी।
भूल कर भी न गुलिस्ताँ में ख़िज़ाँ पहुँचेगी।।
इज्ज़तें खूब मिलेंगी तू जहाँ पहुँचेगी।
एक शाएर की दुआ है तू वहाँ पहुँचेगी।

सारे मज़लूमों को जिस मोड़ पे मिल जाना है।
फूल जो सूख रहे हैं उन्हें खिल जाना है।।

सहारा श्री की सालगिरह...

दिल में खिलते हों जहाँ सिर्फ़ मुहब्बत के कँवल।
अपने लहजे में समेटे हुए उर्दू की ग़ज़ल।।
सोचता रहता हो दिन रात ग़रीबी का जो हल।
जिसने आँखों में बसा रक्खे हों सौ ताज महल।।

इस तरह साल गिरह उसकी मनाई जाये।
रोज़ उसके लिए इक शम्अ जलाई जाये।।

अपने माज़ी को सदा याद भी जो करता हो।
दिल दुखे लोगों की इमदाद भी जो करता हो।।
क़ैद से चिड़ियों को आज़ाद भी जो करता हो।
शहर वीराने में आबाद भी जो करता हो।।

इस तरह साल गिरह उसकी मनाई जाये।
रोज़ उसके लिए इक शम्अ जलाई जाये।।

जिसके हर ख़्वाब में शामिल हो वतन की अज़मत।।
जिसके हर बाब में शामिल हो वतन की अज़मत।।
जिसके अलक़ाब में शामिल हो वतन की अज़मत।
जिसके आदाब में शामिल हो वतन की अज़मत।।

इस तरह साल गिरह उसकी मनाई जाये।
रोज़ उसके लिए इक शम्अ जलाई जाये।।

चाँदनी धूप को रातों को जो काजल कर दे।
ख़्वाब में देखे महल और मुकम्मल कर दे।
ग़ैर के ग़म में भी आँखों को जो जल थल कर दे।
मुश्किलें राह में आयें तो उन्हें हल कर दे।।

इस तरह साल गिरह उसकी मनाई जाये।
रोज़ उसके लिए इक शम्अ जलाई जाये।।

देश से देश के लोगों से मुहब्बत भी करे।
जाँ लुटाते हुए हर फ़ौजी की इज़्ज़त भी करे।।
खेल से प्यार करे और सख़ावत भी करे।
जिसके हर काम की तारीफ़ हुकूमत भी करे।।

इस तरह साल गिरह उसकी मनाई जाये।
रोज़ उसके लिए इक शम्अ जलाई जाये।।

जिसकी तस्वीर से तक़दीर की ख़ुशबू आये।
ख़्वाब के साथ ही ताबीर की ख़ुशबू आये।।
ईंट रख दे जहाँ तामीर की ख़ुशबू आये।
उससे मिलिये तो जहाँगीर की ख़ुशबू आये।।

इस तरह साल गिरह उसकी मनाई जाये।
रोज़ उसके लिए इक शम्अ जलाई जाये।।

मुमासिलत

हर शख़्स लपकना चाहता है
हर कोई लूटना चाहता है
हर नज़र
एक बार तो
उधर जाती है
क्या बच्चे क्या बूढ़े
क्या आलिम क्या मुत्तक़ी
बीमार तू नहीं होता है
और परहेज़ की
एक
मंज़िल होती है
शायद
डोर से उखड़ी पतंग
और मुतल्लक़ा औरत का नसीब ही
एक जैसा होता है
हू ब हू
एक जैसा!

पत्थर के होंठ

कल रात
बारिश से जिस्म
और आंसुओं से
चेहरा भीग रहा था
उसके ग़म की पर्दादारी
शायद ख़ुदा भी करना चाहता था
लेकिन धूप निकलने के बाद
जिस्म तो सूख गया
लेकिन आँखों ने
कुदरत का कहना मानने से
भी
इंकार कर दिया
उसके उदास
होंठ पत्थर के हो गये थे
और पत्थर मुस्कुरा नहीं सकते!

मिक्सिंग प्लांट

चलो यूँ करते हैं
गाय ने
दूध वाले से कहा
हम ज़्यादा दूध दिया करेंगे
तुम पानी मिलाना बन्द करो
दूध वाले ने फ़ौरन वादा कर लिया
क्योंकि
वादा तो अब उसके अँगोछे की तरह है
जिसे वह रोज़ मैला करता है
और रोज़ धोता है
दुनिया भी दूध वाले की
वह बाल्टी है
जिसमें नेकियों में
बदी को मिलाया जाता है

ओल्ड गोल्ड

साठ के बाद
लोग जीते नहीं हैं
उन्हें
जिलाया जाता है
दवाओं के ज़रिये
दुआवों की मदद से
परहेज़ करा के
ग़िज़ायें खिला के
लेकिन यह सब फ़ार्मूले
खोखले हैं
यह सब बातें फ़रसूदा हैं
यह सारे क़िस्से झूठे हैं
लायक़ औलादें
अपने बुज़ुर्गों को ड्राइंग रूम
के क़ीमती सामान की तरह
रखती हैं
उन्हें पता है कि Antique
को छुपा कर नहीं रखा जाता
उन्हें सजाया जाता है।

पता नहीं क्यों

ज़मीन से हज़ारों फ़िट की बुलन्दी पर
फिज़ा में तैरते हुए जहाज़ पर
तितलियों की तरह मँडलाती
एयर होस्टेस
अच्छी तो लगती है
लेकिन मेरे अन्दर
छुपे शाएर को
पता नहीं क्या हो जाता है
एक दिन मैं
अपने अन्दर छुपे शाएर से
पूछ बैठा
कि आखिर ऐसा क्यों होता है
शाएर ने
उदास लहजे में कहा
यह मेकअप ज़दा बेचारी एयर होस्टेस
अक्सर उस वक़्त मेकअप करने पर मजबूर होती है
जब तवाइफ़ें भी
अपना मेकअप उतार चुकी होती हैं।

एहसास

कल
अचानक
बाज़ार से गुज़रते हुए
कंघियों की दुकान ने
मेरे पैर पकड़ लिये
मैं हैरान व परेशान था
कि
साठ के पेटे में पहुंचने के
क़रीब
आख़िर ऐसा क्यों हुआ
यह मुझे आख़िर क्या होता जा रहा है
अब मैं उम्र बढ़ाने की दवाओं
पर औलादों से ज्यादा भरोसा
करने लगा हूँ
कंघियों की दुकान ने
आख़िर मुझे अब क्यों आवाज़ दी है
अब तो मेरे सर पर
बाल ढूँढ़ने पड़ते हैं।

सवाल

हुक़्क़ा पानी बन्द है मेरा
मिलने जुलने वाले भी
गुज़र रहे हैं नज़रें फेरे
मुल्हिद काफ़िर समझ रहे हैं
घर के साथ ही बाहर वाले
किस हैरत से देख रहे हैं
मैं बस यह ही सोच रहा हूँ
आख़िर ऐसा क्या कर डाला
बच्चे मुझको घूर रहे हैं
नफ़रत से मुँह फेर रहे हैं
इंसानों की इस बस्ती में
मैंने तो बस यह पूछा था
मुस्लिम आबादी में आख़िर
चकले कैसे होते हैं
कोई मुझे बतलाये तो
कोई मुझे समझाये तो
आख़िर ऐसा क्यों होता है?

ज़िन्दगी-ऐ-ज़िन्दगी

छोटे छोटे भाई बहन हैं
बूढ़े मम्मी पापा हैं
फिर छोटे छोटे बच्चे हैं
बीवी तन्हा हो जायेगी
जीना बहुत ज़रूरी है
बेटे नौकर नहीं हुए हैं
बेटी रुख़्सत करनी है
जीना बहुत ज़रूरी है
बेटे सारे अफ़सर हुए हैं
बेटी भी ससुराल गई है
अब तो मैं आज़ाद हूँ लेकिन
पोती पोते नहीं हुए हैं
आँगन ख़ाली ख़ाली है
कमरे सूने सूने हैं
यह हो जाये
यह काम अभी तो बाक़ी है
जीने के बहाने कितने है
मरने का बहाना कोई नहीं!

मेरे स्कूल

मेरे स्कूल मेरी यादों के पैकर सुन ले।
मैं तेरे वास्ते रोता हूँ बराबर सुन ले।।
तेरे उस्तादों ने मेहनत से पढ़ाया है मुझे।
तेरी बेन्चों ने ही इंसान बनाया है मुझे।।
ना तराशीदा सा हीरा था तराशा तूने।
ज़ेहने तारीक को बख़्शा है उजाला तूने।।
इल्म की झील का तैराक बनाया है मुझे।
ख़ौफ़ को छीन के बेबाक बनाया है मुझे।।
तुझ से शफ़क़त भी मिली तुझ से मुहब्बत भी मिली।
दौलते इल्म मिली मुझको शराफ़त भी मिली।।
शफ़क़तें ऐसी मिली हैं मुझे उस्तादों की।
परवरिश करता हो जैसे कोई शहज़ादों की।।
तेरी चाहत में मैं इस दर्जा भी खो जाता था।
तेरी बेन्चों पे ही कुछ देर को सो जाता था।।

नज़्रे हज़रत वाली आसी

दुखती आँखों के लिए मंज़र रहा है लखनऊ।
धूप की शिद्दत में इक चादर रहा है लखनऊ।।
एक मुद्दत तक वो जिनका घर रहा है लखनऊ।
इंतिज़ार उनका अभी तक कर रहा है लखनऊ।।
अपनी पलकों पर बिठाता था हर इक मेहमान को।
अब नये चेहरों से लेकिन डर रहा है लखनऊ।।
गर्म जोशी क्या हुई वह ख़ुश मिज़ाजी क्या हुई।
मुद्दतों क्या तू कहीं बाहर रहा है लखनऊ।।
कैसे कैसे बा हुनर लोगों से यह आबाद था।
साहिबे इल्मो हुनर का घर रहा है लखनऊ।।
आज मिट्टी कर दिया अहले सियासत ने इसे।
एक मुद्दत तक मगर ज़ेवर रहा है लखनऊ।।
मुद्दतों दानिश्वरों की भीड़ रहती थी यहाँ।
मुद्दतों खुद एक दानिश्वर रहा है लखनऊ।।
हिजरतें करते गये दुनिया से या उठते गये।
मरते मरते भी जिन्हें अज़बर रहा है लखनऊ।।
दुश्मनी ने कैसे कैसे गुल खिला डाले मगर।
दोस्ती का दम अभी तक भर रहा है लखनऊ।।
लफ़्ज़ों के मोती गढ़े जाते थे रोज़ो शब यहाँ।
मेरे जैसों के लिए ज़रगर रहा है लखनऊ।।
लड़खड़ाना छोड़ दे हिम्मत से थोड़ा काम ले।
लखनऊ! ऐ लखनऊ! क्यों डर रहा है लखनऊ।।
भूलना चाहें भी इसको तो भुला सकते नहीं।
एक मुद्दत तक हमारा घर रहा है लखनऊ।।

गीत

मेरे लब पे था जिसका नाम।
किया जब उसने मुझे बदनाम।
तो घुँघरू बाँध लिए।।

मेरी चाहत राधा जैसी थी।
मेरी सूरत गुड़िया जैसी थी।
मैं पाक भी गंगा जैसी थी।
इक रोज़ मैं सीता जैसी थी।

जो मेरे लिए था राम।
किया जब उसने मुझे बदनाम।
तो घुँघरू बाँध लिए।।

मेरी जुल्फ़ का बादल जिसका था।
मेरी आँख का काजल जिसका था।।
मेरी लाज का आँचल जिसका था।
जीवन का हर पल जिसका था।।

थी जिसके लिए हर शाम।
किया जब उसने मुझे बदनाम।
तो घुँघरू बाँध लिए।।

जो मेरा हँसना रोना था।
जो मेरा खेल खिलौना था।।
जो मेरा चाँदी सोना था।
जिसे मेरा सब कुछ होना था।

मैं राधा थी वह श्याम।
किया जब उसने मुझे बदनाम।
तो घुँघरू बाँध लिए।।

हालात से मैं घबराई नहीं।
माहौल से मैं कतराई नहीं।
अब इसमें कोई रुसवाई नहीं।
सब गाहक हैं कोई भाई नहीं।।

मेरे सब ने लगाये दाम।
किया जब उसने मुझे बदनाम।
तो घुँघरू बाँध लिए।।

तसल्ली का चेहरा

पलकों पर आये हुए
आँसू से
उसके ठीक पीछे
आँसू ने पूछा
कि
सच सच बताओ कैसा लग रहा है
आँसू ने अपनी उदासी छुपाते हुए
पिछली क़तार वाले आँसू से कहा
कि अपनी ज़मीनें छोड़ने वालों
को जैसा लगता होगा
इस वक़्त मुझे भी
बिल्कुल वैसा ही लग रहा है
हिजरत मजबूरियों का नाम है
मैं अब कभी लौट कर वापस नहीं आऊँगा
लेकिन भाई
मुझे याद रखना
मैं तुम्हारा दोस्त था
तुम्हारा दोस्त हूँ
और अपने वजूद के ख़ात्मे तक
मैं तुम्हारा ही रहूँगा।

कल आज और कल

कल
शहर की एक
ख़ूबसूरत
सड़क पे
एक बैलगाड़ी
कारों के दरम्यान दौड़ती हुई
बहुत अजीब सी लग रही थी
आज मैं अपने घर में
नये ख़यालात के बच्चों में घिरा
अपने आपको
इसी बैलगाड़ी का हिस्सा
समझ रहा हूँ
कल उन बच्चों को भी
बैलगाड़ी का हिस्सा बन जाना है
लेकिन
इस बात को
वह लोग कल ही समझेंगे
क्योंकि आज समझने के लिए नहीं होता
आज ....
सिर्फ़ आज होता है!

ग़ज़ल

सहरा पे बुरा वक़्त मेरे यार पड़ा है।
दीवाना कई रोज़ से बीमार पड़ा है।।
सब रौनक़े सहरा थी उसी पगले के दम से।
उजड़ा हुआ दीवाने का दरबार पड़ा है।।
आँखों से टपकती है वही वहशते सहरा।
कांधे भी बताते हैं बड़ा बार पड़ा है।।
दिल में जो लहू झील थी वह सूख चुकी है।
आँखों का दोआबा है सो बेकार पड़ा है।।
तुम कहते थे दिन हो गये देखा नहीं उसको।
लो देख लो यह आज का अख़बार पड़ा है।।
ओढ़े हुए उम्मीद की इक मैली सी चादर।
दरवाज़ये बख़्शिश पे गुनहगार पड़ा है।।
ऐ ख़ाके वतन तुझसे मैं शर्मिन्दा बहुत हूँ।
महँगाई के मौसम में ये त्यौहार पड़ा है।।

जो कतरनें लिबास का हिस्सा न बन सकीं

इतनी जल्दी कोई इतना भी बदल सकता है।
आईने ने मुझे देखा तो वो हैरान हुआ।।

बहू के जज़्बये ख़िदमत से कौन मुनकिर है।
मगर सुकून तो बेटी के पास मिलता है।।

सुब्ह होते ही पुजारी मुझे ले जाते हैं।
शाम होती है तो बाज़ार में आ जाता हूँ।।

तुझको दिखलाऊँगा रोती हुई आँखों का सुकूत।
तू किसी रोज़ मेरे पास समन्दर आना।।

पुराने पेड़ का गिरना भी क्या क़यामत है।
बुज़ुर्ग जैसे किसी घर का इंतिक़ाल करे।।

एक इक क़तरा मेरे दूध का वापस करना।
जंग पर जाते हुए माँ यह क़सम देती है।।

चेहरा तो उसका याद नहीं रह गया मगर।
सहरी जगाने वाले की आवाज़ याद है।।

कितनी आसानी से इस ज़िल्लत से छुट्टी मिल गई।।
ज़िन्दगी महँगी पड़ी थी मौत सस्ती मिल गई।।

मेरी ग़ज़ल मेरे किरदार की गवाही है।
मेरे ख़ुलूस की ख़ुशबू सुख़न से आती है।।

हर एक प्यासे की ख़ातिर सबील होना है।
ऐ तश्नगी तुझे दरियाये नील होना है।।

मेरी मदद के लिए कोई भी नहीं आता।
अब ऐ खुदा तुझे मेरा वकील होना है।।

तेरी रज़ा की ज़रूरत है ऐ मेरे मौला।
मुझे कफ़ील नहीं ख़ुद कफ़ील होना है।।

दीवारो दर उदास हैं रंगत बदल गई।
तुम क्या गये कि शहर की सूरत बदल गई।।

यह रौनक़ें तो इसको मयस्सर न थीं कभी।
तुम आ गये तो शहर की क़िस्मत बदल गई।।

हद से ज़्यादा शोहरत भी नुक़सान का बाइस बनती है।
शीरे में गिर जाने वाली च्यूँटी भी मर जाती है।।

ज़िन्दा रहने की ख़ातिर कुछ भूखे प्यासे भी रहिये।
रोज़ पतिंगे खाने वाली मकड़ी भी मर जाती है।।

आता नहीं है अपना ही चेहरा नज़र मुझे।
पत्थर बना गया है मेरा शीशागर मुझे।।

क्या करूँ मैं, मेरा यकसूई में दम घुटता है।
मैं बहुत देर गवर्नर भी नहीं रह सकता।।

बे वज्ह इक जहाज़ के अग़वा में फँस गये।
हम दीनदार लोग थे दुनिया में फँस गये।।

इसका किरदार कहानी से अलग करना है।
अब मुझे दूध को पानी से अलग करना है।।

वह कबूतर क्या उड़ा छप्पर अकेला हो गया।
माँ के आँखें मूँदते ही घर अकेला हो गया।।

न झुकाने से झुका है न ये नीचा होगा।
मेरा सर है तो जहाँ रक्खोगे ऊँचा होगा।।

हम नहीं थे तो क्या कमी थी यहाँ।
हम न होंगे तो क्या कमी होगी।।

हमसे मुहब्बत करने वाले रोते ही रह जायेंगे।
हम जो किसी दिन सोए तो फिर सोते ही रह जायेंगे।।

वुसअते सहरा भी मुँह अपना छुपा कर निकली।
सारी दुनिया मेरे कमरे के बराबर निकली।।

चलती फिरती हुई, आँखों से अज़ाँ देखी है।
मैंने जन्नत तो नहीं देखी है माँ देखी है।।

हारे हुए लश्कर को गुज़र जाने दिया जाये।
मैं जी नहीं पाया हूँ तो मर जाने दिया जाये।।

हम सब की जो दुआ थी उसे सुन लिया गया।
फूलों की तरह आपको भी चुन लिया गया।।

यहीं अहबाब हैं मेरे यहीं साज़िश भी होती है।
जहाँ अंगूर होते हैं वहीं किशमिश भी होती है।।

जागता रहता था इक शख़्स हमारी ख़ातिर।
अब यह एहसासे निदामत नहीं सोने देता।।

बद दुआ दे के गया है वो मेरी आँखों को।
अब यहाँ नींद का मौसम नहीं आने वाला।।

जल रहा हूँ तेरी ख़ातिर मुझे डर क्या होगा।
इस दिये पर किसी मौसम का असर क्या होगा।।

झील जैसी तो हैं सुरख़ाब नहीं आते हैं।
अब इन आँखों में कभी ख़्वाब नहीं आते हैं।।

हँस के मिलता है मगर काफ़ी थकी लगती हैं।
उसकी आँखें कई सदियों की जगी लगती हैं।।

देखते ही तेरी आँखों को यह एहसास हुआ।
मिल गया कोई समन्दर को डराने वाला।।

सिर्फ़ इस ज़िद में कि मैं ख़्वाब में आ सकता हूँ।
वह कभी नींद को आँखों में न आने देगा।।

रात आँखों में गुज़ारी तो यह एहसास हुआ।
सुब्ह तक एक दिया किस तरह जलता होगा।।

कुछ बिखरी हुई यादों के क़िस्से भी बहुत थे।
कुछ उसने भी बालों को खुला छोड़ दिया था।।

उसकी आँखें हैं सितारों में सितारों जैसी।
किसी मन्दिर में चरागों की कतारों जैसी।।

अब जुदाई के सफ़र को मेरे आसान करो।
तुम मुझे ख़्वाब में आकर न परेशान करो।।

देखता है तुझे सहरा तो परेशाँ क्यों है।
कुछ दिनों के लिए मुझसे मेरी आँखें ले जा।।

ऐसा सोया कि ज़माने से उठाये न उठा।
आप कहते थे कि दीवाना नहीं सोता है।।

बिन बुलाये ये तेरे पास भी आ सकती है।
नींद बच्ची है किसी गोद में जा सकती है।।

कुछ भी हो उसको पराया तो नहीं कह सकता।
मैं उसे पेड़ का साया तो नहीं कह सकता।।

उसका लिक्खा हुआ हर शख़्स नहीं पढ़ सकता।
वह मिला लेता है काजल में हमेशा आँसू।।

मेरे चेहरे की उदासी न कोई पढ़ पाया।
रात में कितना सलीक़ा है ये दिन क्या जाने।।

❑❑❑